Paris

1876

Jourdain, Charles-Marie-Gabriel Brechillet,

Discours

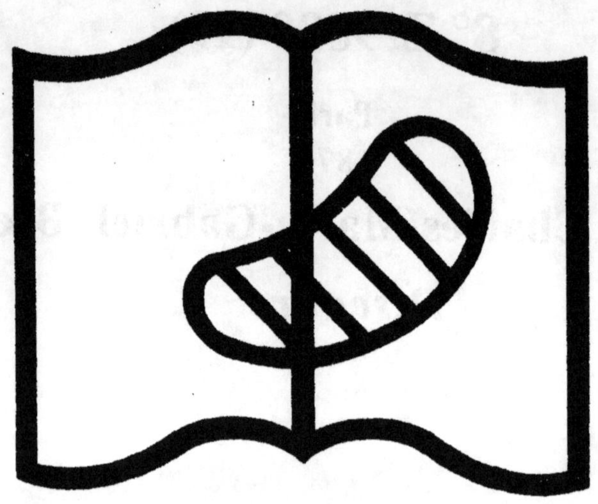

Symbole applicable
pour tout, ou partie
des documents microfilmés

Original illisible

NF Z 43-120-10

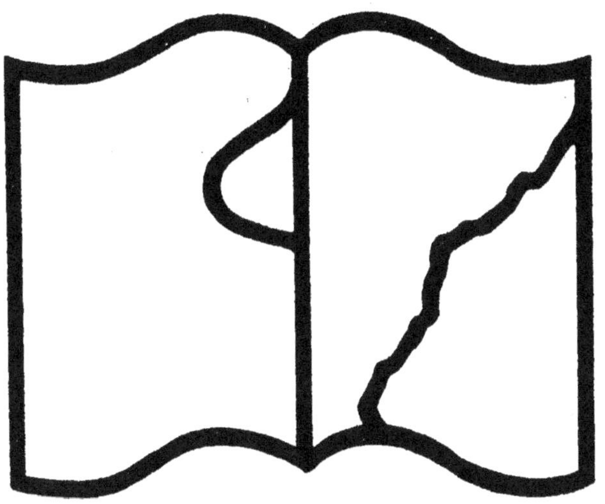

Symbole applicable
pour tout, ou partie
des documents microfilmés

Texte détérioré — reliure défectueuse

NF Z 43-120-11

DISCOURS

PRONONCÉ LE 2 MAI 1876

A L'ASSEMBLÉE GÉNÉRALE

DE LA SOCIÉTÉ DE L'HISTOIRE DE FRANCE

PAR M. CHARLES JOURDAIN

MEMBRE DE L'INSTITUT

PRÉSIDENT DE LA SOCIÉTÉ.

A PARIS
LIBRAIRIE RENOUARD
HENRI LOONES, SUCCESSEUR
LIBRAIRE DE LA SOCIÉTÉ DE L'HISTOIRE DE FRANCE
RUE DE TOURNON, N° 6

1876

DISCOURS DE M. JOURDAIN

PRÉSIDENT DE LA SOCIÉTÉ.

Messieurs,

L'année qui s'est écoulée depuis votre dernière assemblée générale n'aura pas été infructueuse pour l'étude de l'histoire nationale, constant objet de vos préoccupations et de vos travaux. Elle aura vu se terminer des publications importantes ; elle en aura vu se poursuivre ou commencer d'autres qui ne le cèdent pas en intérêt à celles qui ont élevé si haut notre Compagnie dans l'estime du monde savant. Quoiqu'il soit peu séant de se louer soi-même, nous pouvons nous rendre ce témoignage que nous sommes restés fidèles à la pensée et aux exemples de nos fondateurs. Notre zèle n'a pas été ralenti par les événements qui semblaient devoir l'abattre ; le sentiment du bien que nous avons fait nous a portés à croire qu'il nous serait encore donné de rendre aux lettres quelques services pouvant contribuer à leurs progrès ; et soutenus par cette espérance, nous avons redoublé d'efforts pour la remplir.

Mais si, au point de vue de nos travaux, dont notre savant et vénéré secrétaire vous rendra compte, la dernière année nous offre, comme les précédentes, d'abondants motifs de satisfaction, combien n'est-elle pas pour nous féconde en regrets, quand nous considérons l'étendue des pertes que nous avons subies durant son cours ! La mort nous a cruellement traités. Elle nous a enlevé des collègues que nous aimions à voir siéger à nos côtés depuis plusieurs années, et dont la juste renommée, acquise par de belles œuvres, était pour nous une force, le savoir et l'expérience une garantie ; elle en a frappé d'autres qui s'asseyaient, il y a peu de temps encore, sur les bancs de l'École des chartes, que nous avions accueillis avec joie dans nos rangs, et dont le zèle intelligent, signalé par d'heureux débuts, promettait à l'érudition historique une abondante moisson, étouffée dans sa fleur. C'est le devoir de votre président de vous rappeler les titres de ces chers défunts à votre estime et à celle du pays. Je voudrais pouvoir remplir dans toute son étendue cette pieuse mission, en consacrant à chacun de ceux que nous avons perdus quelques paroles de louange et de regret : le chiffre attristant de nos deuils ne me le permettra pas. Comment pourrais-je, en quelques minutes, esquisser, même de la manière la plus brève, la biographie de tant de collègues aujourd'hui séparés de nous pour toujours : M. Alviset, président de chambre à la cour d'appel de Besançon; M. Simonnet, conseiller à la cour d'appel de Dijon; M. Manceaux, ancien conseiller d'État; M. Albert de Vatimesnil, digne héritier d'un ministre de l'Instruction publique dont l'Université prononce encore le nom avec reconnaissance; M. Louvancourt et M. Marcel, tous deux notaires honoraires; M. le comte de Brayer; M. le général Tripier; M. François Mérilhou; Mme la duchesse de La Rochefoucauld; M. Leproux, ancien élève de l'École des chartes, à qui nous devons d'utiles recherches sur les chartes françaises du Vermandois; M. Léopold Pannier, sorti de la même école et entré au service de la Bibliothèque nationale; M. le baron Frédéric de Portal, auteur d'un livre ingénieux sur les symboles en usage chez différents peuples de l'antiquité et du moyen âge; M. de Coussemaker, si connu par ses ouvrages sur l'histoire de la musique; M. Rathery; M. Brunet de Presle; M. le marquis de la Grange; M. Patin; M. Lascoux? Tous les collègues dont je viens de rappeler les noms se rattachaient à notre Société; ils lui appartenaient, non-seulement par la culture de l'esprit, mais par le juste sentiment de l'importance des études historiques, par l'attention qu'ils donnaient à ces nobles études, et par leurs efforts personnels pour en assurer le développement. Accordons, par conséquent, aux uns et aux autres un souvenir reconnaissant, et que leur nom reste honoré parmi nous. Mais ne sera-t-il pas permis à votre président de s'arrêter plus spécialement à quelques-uns d'entre eux, soit qu'ils aient participé d'une manière plus directe à nos travaux, soit que, dans les diverses branches de la littérature, ils aient laissé des œuvres éminentes et durables?

Vous n'attendez pas de moi que je vous retrace, dans un éloge en règle, la carrière si longue, si laborieuse, si honorable, de M. Patin. Et cependant, comment oublier que, durant trente-quatre ans, il a fait partie de notre société, où il était entré en 1842, l'année même où s'ouvraient devant lui les portes de l'Académie française? Après avoir acquis dans sa jeunesse la solide instruction que l'École normale supérieure a de tout temps donnée à ses élèves, il était parvenu, en passant par tous les degrés du professorat, et non sans remporter plusieurs couronnes académiques, à la chaire de poésie latine de la Faculté des lettres de Paris, qu'il a conservée jusqu'à sa mort. Ce qui distinguait son enseignement, ce qui distingue les nombreux articles qu'il a donnés à divers recueils et les ouvrages qu'il a laissés, c'est l'application de la méthode historique à la critique littéraire. Cette pente habituelle de l'esprit et des études de M. Patin se rapprochait trop de celle que nous suivons nous-mêmes, pour ne pas l'amener à nous tôt ou tard. Il avait sans doute des principes très-arrêtés en matière de goût; mais il ne dogmatisait pas : il ne prétendait pas assujettir toutes les productions du génie aux règles trop exclusives qui, au dix-septième siècle, avaient paru ressortir de l'étude des modèles antiques. Il aimait à replacer les chefs-d'œuvre dans le milieu qui les avait vus paraître, à se rendre en quelque sorte le contemporain de leurs auteurs, à découvrir les liens secrets qui rattachent les littératures des différents pays aux vicissitudes de l'état social. Il se rendait à lui-même ce témoignage, dans la préface de ses *Mélanges*, et c'est l'éloge qu'il a reçu, dans une circonstance solennelle, de la bouche d'un illustre écrivain qui nous a longtemps présidés et dont nous vénérons la mémoire. « Les lettres sont pour vous, disait M. de Barante à M. Patin, le jour de sa réception à l'Académie française, les lettres sont pour vous le plus vivant témoignage où doit se lire l'histoire de l'esprit humain, ses phases, ses progrès, ses éclipses, l'influence des gouvernements et des mœurs, le caractère des races diverses, la connaissance du passé, l'espoir de l'avenir. » Par cette alliance avec l'histoire, la critique littéraire, Messieurs, voit son domaine s'agrandir; y perd-elle quelque chose au point de vue de l'influence qu'elle doit exercer sur le goût? Assurément non. Quel maître fut plus aimable et plus persuasif que M. Patin? Quel autre a mieux compris et a mieux su nous faire apprécier les beautés de Lucrèce et d'Horace, d'Eschyle, de Sophocle et d'Euripide? Ses savantes *Etudes sur la poésie latine*, et principalement ses *Études sur les tragiques grecs*, le plus considérable de ses ouvrages, sont entre toutes les mains; après nous avoir instruits et charmés, elles obtiendront dans l'avenir les suffrages de plus d'une génération. Parlerai-je des qualités morales qui s'alliaient, chez M. Patin, à une belle intelligence? Tous ceux qui l'ont approché diront quel charme répandaient autour de lui l'aménité de son caractère, la douceur et la sûreté de son commerce. Bien qu'il n'ait pas entretenu des rapports suivis avec notre société, elle professait pour sa personne, et elle conservera pour sa mémoire les sentiments du respect le plus sympathique.

M. Brunet de Presle était nourri, comme l'était M. Patin, de l'étude de l'antiquité. Élevé dans la maison paternelle, sous les yeux d'un père ami des lettres, qui lui avait donné un Grec pour précepteur, il fit paraître, à peine âgé de dix-neuf ans, une traduction grecque des *Maximes* de La Rochefoucauld. Cette œuvre de jeunesse annonçait une vocation que la suite n'a pas démentie. C'est à la Grèce, en effet, que M. Brunet de Presle a constamment appartenu par la pensée et par le cœur; d'abord, à la Grèce antique, aux chefs-d'œuvre de sa littérature et aux monuments de ses arts; puis, à la Grèce contemporaine, à ses efforts héroïques pour recouvrer son indépendance, à ses chants populaires, aux premières productions de ses poètes, de ses historiens et de ses publicistes. M. Brunet de Presle s'était perfectionné dans la connaissance du grec moderne et de la paléographie, au cours professé à l'École des langues orientales par M. Hase, qui devait un jour l'avoir pour successeur. Il a laissé d'importants travaux sur les sujets qu'il affectionnait, entre autres une histoire de la Grèce depuis la prise de Corinthe par les Romains jusqu'à celle de Constantinople par Mahomet II, excellent livre qui fait partie de la collection de l'*Univers pittoresque*, publiée par MM. Didot; de belles *Recherches sur les établissements des Grecs en Sicile*, et même un *Examen critique de la succession des dynasties égyptiennes*, d'après les textes historiques et les monuments nationaux; car, ainsi qu'il le rappelait vingt ans plus tard, la mystérieuse écriture de l'Égypte et les problèmes de sa chronologie l'avaient attiré, sans cependant, ajoutait-il, lui faire jamais perdre de vue la Grèce, dont il saluait avec joie les rapides progrès. Ces savants ouvrages, dont l'un avait obtenu un prix, et l'autre une mention très-honorable dans les concours ouverts par l'Académie des inscriptions et belles-lettres, le firent admettre en 1850, par cette compagnie, au nombre de ses membres. Là, il poursuivit ses travaux de prédilection, et acheva pour le recueil des *Notices et extraits des manuscrits*, avec le concours de notre collègue M. Egger, la publication d'une série de papyrus grecs du musée du Louvre et de la Bibliothèque nationale, précieux débris préparés pour l'impression par M. Letronne, à qui la mort ne permit pas de les mettre au jour. Ne semble-t-il pas, Messieurs, que nous soyons en ce moment bien loin de la Société de l'Histoire de France? Veuillez cependant considérer que les études historiques se tiennent, non-seulement par la méthode, mais par la matière même du travail; que notre civilisation a ses racines dans l'antiquité, et qu'il est difficile d'en comprendre le développement, si l'on vit étranger à la connaissance de la Grèce et de Rome. M. Brunet de Presle reconnaissait en vous l'esprit qui l'animait lui-même; il aimait cette exactitude et cette précision que vous encouragez, et qui sont une des premières conditions de la science historique; il applaudissait à la publication de ce grand nombre de monuments de l'histoire nationale que, par de savantes éditions, revisées sur les manuscrits et accompagnées de notes, vous avez en quelque sorte tirés pour la seconde fois de la poussière des bibliothèques; aussi avait-il cherché dès 1850 à faire partie de votre Société. Depuis lors, c'est-à-dire pendant vingt-cinq ans, vous l'avez vu suivre vos travaux avec le plus vif intérêt. S'il n'a pas fait partie de votre Conseil d'administration, il a été désigné, dans des circonstances délicates, pour remplir, conjointement avec notre confrère M. Rodolphe Dareste, les fonctions de censeur. Nous avons perdu en lui un collègue aussi recommandable par la noblesse du caractère, par la générosité du cœur, par l'esprit d'abnégation et de dévouement, que par les qualités de l'intelligence : homme vraiment rare, en dépit de son extrême modestie, que nous étions fiers de voir siéger parmi nous, et qui ne semblait pas devoir être enlevé si tôt à notre estime et à notre affection.

Avec M. le marquis de la Grange, nous sommes ramenés vers les études qui constituent, à proprement parler, notre domaine. Issu d'une famille noble, tour à tour soldat sous le premier empire et secrétaire d'ambassade sous le gouvernement de la Restauration, M. de la Grange céda de bonne heure, comme tant d'autres personnages considérables de notre histoire, au penchant qui l'entraînait vers la carrière des lettres. En 1827 et en 1829, il publia la traduction de deux romans étrangers, *Les Suédois à Prague*, et *La délivrance de Bude*. La révolution de Juillet l'ayant rendu à la vie privée, il profita de ses loisirs pour se livrer avec plus d'ardeur aux études qui l'avaient d'abord attiré. Mais il renonça désormais aux œuvres frivoles et se tourna de préférence vers les travaux sérieux, s'occupa de numismatique, d'histoire, de linguistique, et prit une part assez active à la rédaction de divers recueils. Un de ses premiers écrits fut une notice sur cent quatre-vingt-seize médailles qui avaient été découvertes, pendant l'été de 1834, à Ambenay, canton de Rugles, département de l'Eure. Quelques années auparavant, M. de la Grange avait épousé Mlle de

Caumont, fille de M. de Caumont, duc de la Force. Il trouva dans les papiers de sa nouvelle famille un document du plus haut prix, les mémoires du duc de Caumont la Force, qui mourut sous Louis XIV, à l'âge de quatre-vingt-treize ans, après avoir échappé sous Charles IX aux massacres de la Saint-Barthélemy, avoir servi loyalement Henri IV, et s'être élevé sous Louis XIII aux premiers postes de l'armée. Ces mémoires, qui furent connus de Voltaire, n'avaient pas encore été publiés, malgré le sérieux intérêt qu'ils présentaient. M. de la Grange jugea avec raison qu'ils méritaient de voir le jour, et il en donna en 1843 une édition en quatre volumes, comprenant de plus les mémoires des marquis de Montpouillan et de Castelnau, des correspondances inédites et une introduction. L'Académie des inscriptions et belles-lettres récompensa le noble et savant éditeur en l'admettant au nombre de ses membres libres. M. de la Grange avait été rendu depuis quelque temps à la vie politique par le suffrage des électeurs de la Gironde, et il ne devait plus la quitter jusqu'à la chute de l'empire. Mais les travaux des assemblées législatives, auxquels il prit part successivement comme député et comme sénateur, ne le détournèrent jamais de la culture des lettres. Lorsque, sur la proposition de M. Fortoul, alors ministre de l'Instruction publique, un décret impérial du 12 février 1856 eut ordonné l'impression d'un recueil des anciens poètes français, M. de la Grange fut appelé à présider la commission chargée de l'examen des questions très-complexes que pouvait offrir une publication aussi neuve et aussi importante pour la connaissance de notre vieille littérature. Il était assisté de M. Guessard, auquel appartenait la première pensée du projet accepté en principe par le gouvernement, et qui devait contribuer d'une manière si utile à son exécution, soit en la dirigeant, soit en se faisant lui-même l'éditeur de plusieurs chansons de geste. M. de la Grange, de son côté, mit personnellement la main à l'œuvre, et donna en 1864 le texte de l'une de nos dernières chansons, *Hugues Capet*. La préface qu'il y joignit se distingue par une saine érudition et par le sens critique; elle prouve l'étendue des lectures de l'auteur et la profonde connaissance qu'il avait de ces anciennes poésies, devenues si rapidement populaires, et où se complaisait, il y a six cents ans, l'imagination de nos ancêtres. Ainsi se partagea entre les affaires publiques et les lettres la longue existence de M. de la Grange. Autant que les événements le permettaient, il s'est montré jusqu'à la fin fidèle à la double vocation de sa nature si distinguée. Au point de vue politique, la France regrette en lui un de ses meilleurs citoyens, un de ses serviteurs les plus éclairés et les plus intègres. Nous, dans notre modeste sphère, nous qui fûmes les collègues de M. le marquis de la Grange et les témoins de ses travaux littéraires, nous ne saurions effacer de notre souvenir ni l'intérêt qu'il a témoigné pendant trente-neuf ans à notre société, ni la part qu'il a eue dans le progrès des études historiques.

Que dire d'un autre collègue, également frappé par la mort, M. Rathery? Quels services ne nous a-t-il pas rendus! Quelle reconnaissance ne lui devons-nous pas! Né en 1807, reçu avocat en 1840, il semblait destiné à suivre la carrière du barreau; mais l'amour des lettres l'emporta chez lui sur les séductions du Palais, et, de ses études juridiques, il ne retira d'autre avantage qu'une heureuse aptitude à traiter les questions administratives et judiciaires. Il essaya d'abord ses forces dans l'*Encyclopédie des gens du monde* et dans divers recueils périodiques, comme la *Gazette des tribunaux* et la *Revue de législation;* mais les premiers écrits qui attirèrent sur lui, d'une manière sérieuse, l'attention des érudits et celle de l'Institut, ce furent son mémoire sur l'histoire du droit de succession des femmes, auquel l'Académie des sciences morales et politiques accorda en 1843 une mention très-honorable, et une *Histoire des États-Généraux*, couronnée en 1845 par la même académie. Très-familiarisé avec l'histoire des institutions, M. Rathery ne possédait pas à un moindre degré l'histoire littéraire; et peu d'années après ses premiers succès académiques, il prouva son profond savoir en cette matière par un nouvel ouvrage dans lequel il étudie l'influence exercée en France par la littérature italienne depuis le XIIIe siècle jusqu'au règne de Louis XIV, docte et intéressant travail, qui obtint les suffrages de l'Académie française. Mais comment aimer les lettres sans aimer les livres? M. Rathery aimait les uns et les autres avec passion, et il put donner libre carrière à ce double goût dans les emplois qu'il eut à remplir successivement à la bibliothèque du Louvre, sur laquelle il a donné une notice intéressante, et à la Bibliothèque nationale. Avec quelle exactitude, quelle obligeance, quelle autorité il a exercé dans ces deux établissements les fonctions de conservateur, le meilleur et le plus autorisé des juges, M. Léopold Delisle, l'a rappelé sur sa tombe. Ses devoirs officiels s'accordaient merveilleusement avec ses études personnelles; les connaissances variées qu'il avait comme écrivain profitaient au bibliothécaire, dont l'office, par un juste retour, contribuait à étendre journellement chez l'écrivain le cercle d'une érudition déjà très-vaste et très-sûre. Laborieux et actif, M. Rathery savait se créer des loisirs qu'il aimait à consacrer à des sociétés savantes. Quel vide n'a-t-il pas laissé au Comité des travaux historiques, qui entendit si souvent ses rapports, et qui l'avait chargé de publier, conjointement avec M. de la Villegille, un recueil des poésies populaires de la France! Quel vide surtout ne laisse-t-il pas dans nos rangs! Il figure sur nos annuaires depuis 1843; il a fait partie de notre Conseil d'administration depuis 1867; il en est devenu vice-président en 1874; et chacun de nous a pu apprécier combien il était assidu à nos séances, combien son commerce était facile et son concours précieux. La Société de l'Histoire de France n'oubliera jamais que c'est à M. Rathery qu'elle doit une de ses plus importantes publications, les *Mémoires du marquis d'Argenson*. L'impression de ces neuf volumes a duré près de dix ans, de 1859 à 1867. Je ne cacherai pas que quelques-uns de nos collègues estimaient que c'était là une œuvre bien considérable, lourde à entreprendre et lente à se terminer. Mais en trouverait-on un seul aujourd'hui qui regrettât qu'elle eût été entreprise? M. Rathery nous a rendu accessible un monument historique de la plus haute valeur, dont les curieux parlaient avec estime, qu'ils consultaient quelquefois, mais qui n'était pas généralement connu, et dans lequel, au contraire, les futurs historiens du siècle dernier puiseront désormais librement et facilement les indications les plus variées sur le règne et sur la cour de Louis XV. Mais le service rendu aux lettres par notre collègue s'est trouvé plus grand qu'il ne le supposait lui-même. En effet, par une suite lamentable de nos discordes civiles, il est arrivé que cette édition des *Mémoires de d'Argenson* qu'il a publiée est tout ce qui nous reste maintenant des manuscrits volumineux qu'il avait soigneusement compulsés, et que devait incendier, quelques mois plus tard, la stupide fureur des bandits de la Commune de Paris. Cependant une œuvre aussi laborieuse que la mise au jour des *Mémoires du marquis d'Argenson* n'avait pas épuisé l'activité de M. Rathery. Dans les années qui suivirent, il donna encore, en collaboration avec M. Boutron, son ami, un volume intéressant sur Mlle de Scudéry, sa vie et sa correspondance, avec un choix de ses poésies. Il préparait de nouvelles publications relatives à l'histoire littéraire du commencement du XVIIe siècle, lorsque la mort l'a frappé. Il a ainsi mérité jusqu'au dernier jour, par le bon emploi de sa vie, l'estime reconnaissante de tous ceux qui suivent la même carrière que lui. Est-ce une illusion de l'amitié de penser que ses efforts n'auront pas été inutiles à l'honneur de sa mémoire, que beaucoup de ses écrits lui survivront, et que, longtemps après nous, son nom sera prononcé à côté du nom des écrivains qui, par la solidité de leur savoir, par la sagesse de leur critique, par le choix intelligent des matériaux qu'ils ont recueillis, ont, de nos jours, le mieux mérité de l'érudition française?

Malgré la différence qui le séparait de M. Rathery sous le rapport de l'âge, c'est à beaucoup d'égards le même témoignage que nous pouvons rendre d'un jeune collègue enlevé à nos espérances lorsqu'un avenir brillant s'ouvrait devant lui. Il n'y a guère plus de sept ans, M. Léopold Pannier, après avoir terminé ses études à l'École des chartes, y soutenait une thèse pour obtenir le diplôme d'archiviste-paléographe; et voilà qu'au mois de novembre dernier, il a succombé prématurément aux atteintes d'une maladie soudaine! Que de nobles efforts, que d'utiles travaux ont rempli sa trop courte carrière! Je parcourais, il y a peu de jours, les derniers volumes de la *Bibliothèque de l'École des chartes*, et à chaque pas je retrouvais la trace de son intelligente activité. Sa thèse inaugurale est devenue un savant mémoire sur Pierre Bersuire, le premier traducteur français de Tite-Live. Il a écrit sur *La Noble maison de Saint-Ouen, la villa Clippiacum et l'ordre de l'Étoile* une notice historique qui a obtenu en 1873 une mention honorable au concours des Antiquités de la France. Il prit une part importante à l'édition de la *Vie de Saint Alexis*, publiée par M. Gaston Paris, et il donna lui-même le texte de la plus récente rédaction de ce poème célèbre. On lui doit enfin un état très-complet des *Inventaires et autres travaux concernant les différentes archives de la France*, et un mémoire sur *Méry-sur-Oise et ses seigneurs au moyen-âge*, inséré dans le premier volume des *Mémoires de la Société de l'Histoire de Paris*. Ce que M. Pannier avait spécialement projeté de faire pour notre compagnie est encore présent à l'esprit de nous tous. Désigné sur sa demande, par votre Conseil d'administration, pour éditer la correspondance de Louis XI, il s'était mis à l'œuvre avec le zèle le plus louable; il avait exploré un grand nombre de sources, réuni beaucoup de lettres, et préparé pour l'impression un premier volume auquel manquaient seulement quelques notes. Cette partie de son travail touchait à sa fin, et il en annonçait la mise sous presse comme très-prochaine, lorsque nous l'avons tout à coup perdu. Si la Providence lui avait accordé une plus longue vie, peut-être aurait-il attaché son nom à quelque monument qui l'aurait illustré; mais, bien que frappé à la fleur de l'âge, il a vécu assez pour donner la mesure des services qu'il aurait rendus, et pour laisser à ses condisciples, à ses maîtres et à ses collègues l'inaltérable souvenir de son active pénétration, de la distinction naturelle de son esprit et de la bonté de son cœur,

Avant de terminer cette triste et incomplète revue, je ne prononcerai plus qu'un nom, celui de M. Lascoux. Ancien secrétaire général au ministère de la Justice, conseiller à la cour de cassation, M. Lascoux n'avait jamais eu la prétention d'être un écrivain, et il n'a pour ainsi dire pas écrit. Mais il aimait les lettres, il aimait surtout l'histoire, et il avait un sentiment très-net des conditions de la critique historique. Nous le respections comme l'un de nos anciens, car, dès le mois de juillet 1834, il figurait parmi les membres de notre société. Après avoir assisté en quelque sorte à sa naissance, ou du moins à ses débuts, il avait suivi ses développements avec le plus vif intérêt, et il se réjouissait de sa prospérité croissante, étroitement liée, dans sa pensée et dans ses espérances, au progrès des études historiques. A partir de 1838, M. Lascoux n'a pas cessé de faire partie de votre Conseil d'administration. Il a été, tour à tour, membre du Comité des fonds, vice-président de la Société, membre du Comité de publication. Ses avis étaient pour nous d'un grand poids; nous rendions tous hommage à sa profonde connaissance des affaires et à la rectitude de son jugement. Il s'exprimait avec une précision remarquable, aimait à aller au fond des choses, fuyait les divagations, et, quand le débat s'égarait, il savait le maintenir ou le ramener sur le terrain de la vraie question. Par son assiduité à nos séances, par son dévouement et la sagesse de ses conseils, M. Lascoux a rendu à la Société de l'Histoire de France des services qu'il appartenait à votre président de rappeler et d'honorer publiquement.

Cette esquisse encore bien incomplète de nos deuils domestiques pendant la dernière année n'a pu que vous causer une impression de tristesse, sur laquelle je me reprocherais de vous laisser. Assurément, les pertes que nous avons éprouvées sont à jamais regrettables; mais voulons-nous échapper au découragement? Rappelons-nous que notre compagnie existe et travaille depuis quarante-quatre ans; qu'après avoir eu d'illustres fondateurs, elle n'a cessé d'attirer à elle, par l'utilité de son but et par la sagesse de ses règlements, d'éminents esprits, dont quelques-uns étaient l'honneur de la science française ; que les vides produits dans ses rangs par la mort ont été aussitôt comblés par de nouvelles et utiles recrues; que ses publications, accueillies par la faveur universelle, se sont multipliées ; que son autorité s'est affermie et sa bonne renommée répandue au loin. Que faut-il donc désormais pour que son avenir ressemble à son passé si prospère? Il nous faut, Messieurs, rester ce que nous sommes et continuer à faire ce que nous avons fait jusqu'ici; conserver d'abord parmi nous cet esprit de concorde que jamais aucun nuage n'a troublé; puis, aimer la science et montrer par de bons travaux que notre dévouement pour elle n'est pas un calcul égoïste, ni une passion stérile; tenir fidèlement nos promesses envers nos associés et envers le public; appeler à nous, moins par nos sollicitations que par nos exemples, de nouveaux adhérents; enfin, donner du prix de plus en plus à ce titre de membre de la Société de l'Histoire de France que nous avons déjà le droit de porter avec quelque fierté. En vous tenant ce langage, je ne suis que l'interprète de vos propres sentiments. Vous êtes attachés du fond du cœur à notre société; vous voulez maintenir, je dirai plus, vous voulez accroître son action bienfaisante, et vous savez les conditions auxquelles un résultat si désirable peut être obtenu. Aussi je n'ai aucun doute sur le succès de nos communs efforts. Dieu aidant, nous continuerons à recueillir les monuments de l'histoire nationale, à en propager la connaissance, et à servir par là, selon nos forces, et la science et le pays.

Imprimerie Gouverneur, G. Daupeley à Nogent-le-Rotrou.

www.ingramcontent.com/pod-product-compliance
Lightning Source LLC
LaVergne TN
LVHW010220230826
846091LV00008BB/3596